CONTES
DE GRENOUILLES

Parmi les ouvrages de Muriel Bloch :
Contes des jours d'avant, JBZ & Cie
Contes insolites et insolents, Syros Jeunesse
Sagesses et malices de la tradition juive, Albin Michel Jeunesse
Le poil de moustache du tigre, Albin Michel Jeunesse
La marchande de soleils, livre cd, Thierry Magnier
Orphée Dilo et autres contes des Balkans, Livre cd, Naïve
Contes d'amour autour du monde, livre cd, Didier Jeunesse
Le cheval de Troie, livre cd, Naïve
Mary Jolie, fille du Mississippi, Seuil Jeunesse
365 contes en ville, Gallimard Jeunesse Giboulées
Comment la mort est revenue à la vie,Thierry Magnier
Le Shmat doudou, Syros Jeunesse

Parmi les ouvrages de Géraldine Kosiak :
J'ai peur, Éditions du Seuil
I'm afraid, Stewart Tabori & Chang
Tengo miedo, Editorial Juventud
Mon grand-père, Seuil Jeunesse
Jours de pêche, Éditions du Seuil
Catalogués, ENBA Lyon
Catalogue 0,25, Éditions du Seuil
Japon, 206 vues, Éditions du Seuil
Itak et la baleine, Seuil Jeunesse
Avec l'âge, Éditions du Seuil
Je bouge à une vitesse normale, catalogue d'exposition

Loi 49-956 du 16 juillet 1949 sur les publications destinées à la jeunesse
Dépôt légal : février 2011 – Numéro d'édition : 19354 – ISBN-13 : 978 2 226 20919 1
Imprimé en France chez Pollina s.a. – N° L54661

Muriel Bloch

CONTES DE GRENOUILLES

dessins de Géraldine Kosiak

ALBIN MICHEL JEUNESSE

Le biologiste passe, la grenouille reste.
Jean Rostand

Le coassement des grenouilles n'empêche
pas l'éléphant de boire.
Proverbe africain

Préface

J'ai vu une grenouille qui faisait rafouille en haut d'un rocher…

Ceci est mon premier ouvrage thématique, animalier ! Pourquoi donc la grenouille comme fil à la patte de la conteuse ?
Quelques indices en vue : le premier conte populaire de mon répertoire fut « La princesse grenouille », version russe empruntée à Luda dans la belle édition de feu La Farandole, illustrée par Bilibine. Je me délectais à faire dire au héros Ivan Tsarévitch : « N'ayez pas peur, gens de bien. Ce n'est que ma têtarde qui arrive dans sa guimbarde ! », alors qu'au palais du tsar, son père, on entend un grand fracas, que les murs tremblent et que les invités pâlissent !
Il y a deux ans, la musicienne Andrea Cohen me proposa de venir chez moi, enregistrer quelques contes de grenouilles, dans le cadre d'une émission qu'elle réalisait pour France Culture. Le sujet était en partie consacré au fantasque Jean-Pierre Brisset, écrivain du XIXe siècle qui affirmait que « l'homme est né dans l'eau, son ancêtre est la grenouille et l'analyse des langues humaines apporte la preuve de cette théorie ! »
J'avais donc, pour l'émission, réuni dans une grande chemise verte des spécimens de contes relatifs à l'animal. Une pêche conséquente !

(Je remercie la conteuse Laurence Benedetti de m'avoir fait découvrir, à cette occasion, « Coassine », un conte populaire de Bourgogne où un homme, par amour, préfère devenir grenouille pour vivre auprès de celle qu'il aime...)

Troisième indice : un souvenir d'enfance réveillé récemment lors d'une soirée de retrouvailles entre ex-filles scouts ! J'étais venue par curiosité mais à reculons, car j'avais détesté ces sorties de groupe obligatoires du jeudi. Le plus souvent nous arpentions la forêt pour apprendre à nous perdre... Et je rentrais chez moi griffée par les branches des arbres, sale de la tête aux pieds, fatiguée d'avoir marché et chanté des chants dont les paroles m'insupportaient.

Cependant, lors de cette soirée des anciennes, je me suis surprise à évoquer avec ravissement ces virées au bois de Boulogne, d'où je rapportais fièrement quelques têtards emprisonnés dans un pot de confiture. Chaque jour, je scrutais à travers les parois du bocal trônant dans ma chambre l'évolution possible de ces têtards !

Une fois, je connus mon heure de gloire en présentant à l'école mon précieux trésor ; hélas, jamais têtard ne se métamorphosa en grenouille ou crapaud, ni dans ma chambre ni dans la salle de classe... Grâce à ce livre, je prends enfin ma revanche !

Je me souviens aussi d'une petite légende urbaine que je chantonnais à mes enfants, celle d'une femme ayant fait le pari d'avaler un têtard et qui s'était retrouvée avec une grenouille dans le ventre... Cela nous mettait en joie pour la journée !

Enfin et surtout, dernier indice, la rencontre, au printemps 2009, avec la dessinatrice Géraldine Kosiak me conforta dans l'idée que c'était elle, dans un style plutôt pop-art, qui serait en mesure d'illustrer ce livre, dont le goût m'avait été donné par la découverte du travail de Jean-François Martin accompagnant les contes choisis par Jean Muzi dans le recueil *Contes de chats*, chez Albin Michel.

Le motif du prince qui épouse une grenouille est bien bien connu, quelque trois cents versions existent de par le monde. Mais intéressant vraiment est le refrain du fils du roi, dans la version du Piémont rapportée par Italo Calvino. Le jeune homme s'en va ainsi au bord du fossé où, hélas, il a trouvé sa fiancée ; il l'appelle pour qu'elle accomplisse les épreuves demandées par son père… Voici la ritournelle de leur échange :

« Grenouille, grenouillette !
– Qui m'appelle donc par là ?
– Ton amour qui ne t'aime pas.
– S'il ne m'aime il m'aimera
Quand bien belle il me verra. »

Autre version, amplement commentée par Bruno Bettelheim et proposée à dessein dans ce recueil, celle des frères Grimm, où le roi souffle trois plumes en l'air pour indiquer à chacun de ses fils la route à suivre. La plume du troisième fils atterrit non loin d'une « grosse grasse grenouille [qui vit] entourée de tout un monde de petites grenouilles sautillantes »…

« Mademoiselle la rainette,
Petite grenouillette verte,
Fille de race grenouillère,
Grenouillante gambette,
Va vite voir qui est dehors ! »

(Conte à ne pas confondre avec « Le roi-grenouille » ou « Henri le ferré », du même Grimm, où une grenouille, jetée contre un mur par une jeune princesse dégoûtée, retombe en prince aux beaux yeux pleins de tendresse…)

À Bali existe un cycle de contes autour de l'amitié du singe et de la grenouille. Cette dernière enseigne à son compagnon, avec beaucoup de malice et de tendresse, que l'infortune frappe celui qui n'est pas loyal envers ses amis ; c'est pourquoi il ne faut pas se tromper de chemin. La grenouille est toujours de bon conseil…

Dans la présente anthologie, j'ai choisi des contes empruntés à diverses cultures (l'aire géographique asiatique est largement représentée, tant la grenouille y est familière). Ces contes d'humeurs très différentes

– étiologies, malices, merveilles et sagesses – montrent bien des facettes de la batracienne, tour à tour enflée, colérique, résistante, bagarreuse ou mutine ; sotte, exaspérante, bouleversante, terriblement humaine… coassante ou parlante, entre figure humaine et figure animale.
Comment l'une, vaniteuse, provoque la sécheresse quand l'autre perd ses fesses, et de l'origine du coassement jusqu'à l'apparition de l'homme-grenouille ou de l'enfant aux cheveux verts…
Comment cet animal si familier de la pluie et du beau temps, mûre ou en mue, demeure toujours un peu inquiétant.
À travers le choix et la réécriture de ces contes aimés, certains souvent racontés, je souhaite leur offrir une autre vie, qu'ils se répondent en coassant chacun à sa façon…

M. B.

Pourquoi pourquoi

Aigrette, aigrette, pourquoi es-tu si maigre ?
– Je suis maigre, car les crevettes ne montent pas.
Crevette, crevette, pourquoi ne montes-tu pas ?
– Je ne monte pas, car les herbes me retiennent.
Herbe, herbe, pourquoi foisonnes-tu ?
– Je foisonne, car le buffle ne me mange pas.
Buffle, buffle, pourquoi ne manges-tu pas ?
– Je ne mange pas, car le piquet ne se défait pas.
Piquet, piquet, pourquoi ne te défais-tu pas ?
– Je ne me défais pas, car l'enfant ne garde pas.
Enfant, enfant, pourquoi ne gardes-tu pas ?
– Je ne garde pas, car j'ai le ventre gonflé.

Ventre, ventre, pourquoi es-tu gonflé ?
– Je suis gonflé, car le riz est mal cuit.
Riz, riz, pourquoi es-tu mal cuit ?
– Je suis mal cuit, car le bois est mouillé.
Bois, bois, pourquoi es-tu mouillé ?
– Je suis mouillé, car la pluie est continue.
Pluie, pluie, pourquoi tombes-tu sans arrêt ?
– Je tombe sans arrêt, car la grenouille se gratte le derrière.
Grenouille, grenouille, pourquoi te grattes-tu ?
– Je me gratte, car mes aïeules se sont grattées.
Alors, comment pourrais-je ne pas me gratter ?

Ça mouille, ça mouille…

Une tortue et une grenouille étaient de vieilles amies. Ne s'étant pas vues depuis longtemps, elles se donnèrent rendez-vous au bord d'un lac et aussitôt papotèrent, déblatérèrent, rigolèrent de bon cœur, tout à la joie de leurs retrouvailles. Soudain – flic, floc –, la pluie s'abattit sur elles…

– Ouh là là là là là là ! s'écria la grenouille. Il faut se mettre à l'abri ! Ça mouille, ça mouille, c'est la fête à la grenouille !

Sans hésiter, la tortue et la grenouille sautèrent dans l'eau du lac, et floc et flac…

Cette histoire finit au fond du lac !

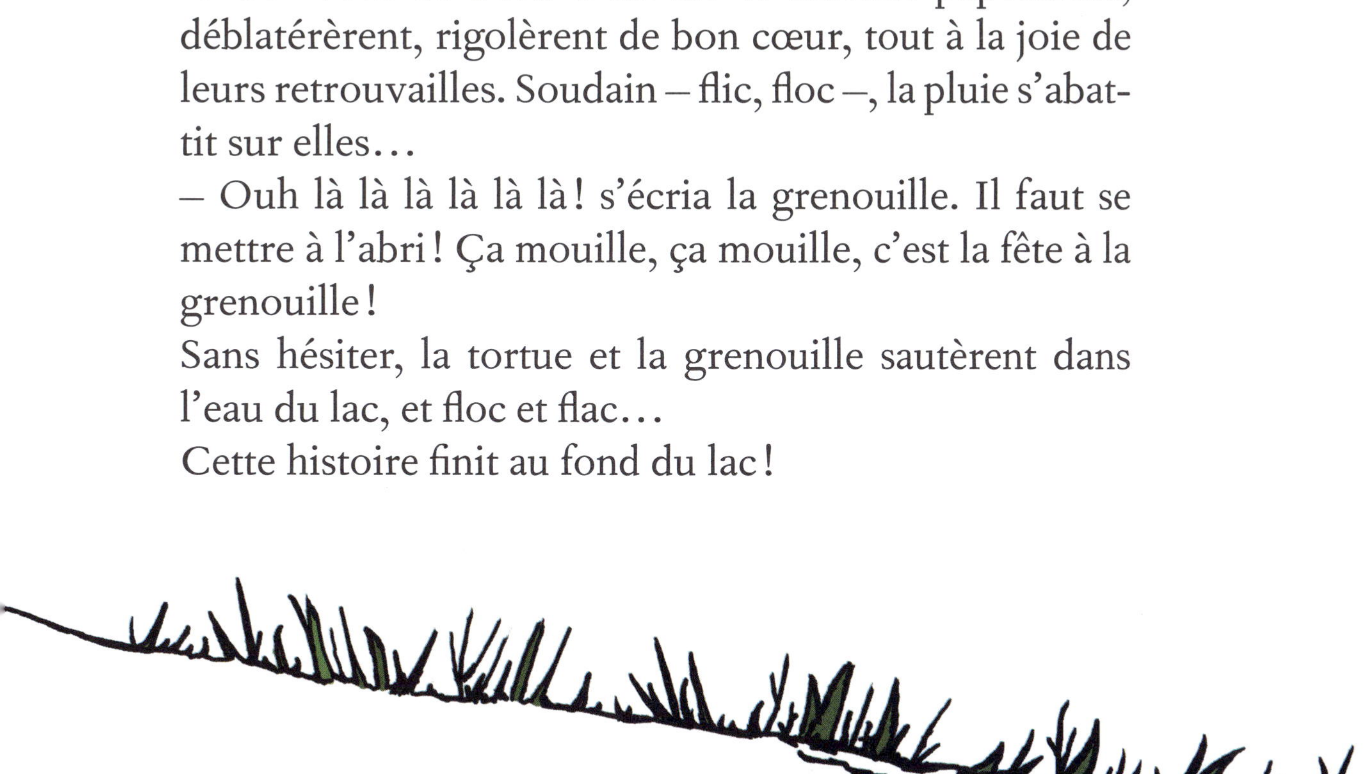

Le rire de la grenouille

C'est l'histoire d'une petite grenouille verte, discrète, ordinaire. Un jour, elle en eut marre, vraiment marre, d'être verte, discrète et ordinaire. Elle rêvait d'accomplir de grands exploits, elle voulait devenir extraordinaire.
Elle habitait avec d'autres grenouilles au bord d'un trou rempli d'une eau pas très claire…
Un matin, elle décida d'avaler d'un coup l'eau du trou, rien que pour se faire remarquer. Gloups !
Alors elle grossit, mais pas assez pour être extraordinaire.
En quelques bonds, elle gagna le bord de la rivière. Là, au vu des oiseaux s'y baignant, elle avala toute l'eau de la rivière. Gloups, en une seule gorgée !
Alors elle grossit davantage, mais pas assez pour être extraordinaire.

La rivière rejoignait le fleuve. La grenouille suivit son cours en sautillant. Là, au vu des poissons nageant et des pêcheurs pêchant, elle avala toute l'eau du fleuve. Gloups, gloups !
Alors elle devint énorme, mais elle avait encore soif, soif de grandir, soif de devenir extraordinaire.

Le fleuve se jetait dans la mer. La grenouille se traîna jusqu'au rivage. Gloups, gloups et gloups, elle avala toute l'eau de la mer.
Monstrueuse, salée, les yeux globuleux et embués, la grenouille décida d'avaler toute l'eau de la terre. Et elle la but jusqu'à la dernière goutte.
Son corps gorgé d'eau dépassait les plus hautes montagnes, sa tête touchait le ciel : la grenouille verte s'immobilisa. Elle était devenue enfin extraordinaire.

Mais la terre avait soif, les animaux avaient soif et les hommes aussi. Pour la première fois, les uns et les autres se réunirent pour chercher ensemble une solution. Une solution pacifique pour récupérer l'eau de la terre engloutie par l'abominable grenouille.
– Faisons-la rire ! proposèrent les humains.

Les animaux approuvèrent.
Malgré la soif qui les tiraillait, des clowns s'approchèrent du monstre et lui firent toutes sortes de grimaces. En vain : la grenouille ne bougeait pas, malgré les efforts des hommes, devenus si petits à ses yeux énormes.
Les animaux prirent le relais : les singes, du ouistiti au macaque, de l'orang-outan au gorille, grimacèrent mieux que les clowns. Mais la grenouille réussit à leur tourner le dos.
La terre se craquelait et fendillait, les hommes et les animaux crevaient de soif. Que faire ?
Soudain, le ver de terre, surgi de nulle part, proposa ses services. Il monta en direction du ciel, et suspendu devant les yeux globuleux de la grenouille, il fit des nœuds avec son corps mou, visqueux, transparent.
Et de le regarder ainsi s'agiter, lui, le minuscule, le ridicule, le dégoûtant, la grenouille esquissa un sourire. Ensuite, voyant le petit recommencer ses nœuds, elle rit franchement et, ce faisant, recracha l'eau du trou, puis la rivière… En bas, sur la terre, tous se précipitèrent.
Là-haut, perdu dans l'espace, le petit ver continuait ses contorsions dérisoires et la grenouille l'encourageait

en se moquant. Du coup, elle recracha l'eau du fleuve, puis la mer tout entière. Alors, son corps se dégonfla et retomba sur le sol !

La grenouille était redevenue petite, discrète et ordinaire. « Quel fiasco ! » soupira-t-elle.

Mais l'eau ainsi recrachée sauva la terre, les hommes et les animaux.

Nous devons une fière chandelle au ver de terre : grâce à sa souplesse, une grande sécheresse fut évitée de justesse…

La grenouille et le génie de la pluie

Le dragon Mua, génie de la pluie, vivait dans une profonde caverne. L'Empereur du Ciel lui avait confié la tâche d'arroser la terre : dès que le niveau des fleuves et des rivières baissait, le dragon devait sortir de sa grotte pour avaler la mer et recracher l'eau sous forme de pluie partout sur la terre.

Mais Mua était un dragon capricieux, et surtout très paresseux ; il lui arrivait de recracher toute l'eau avalée sur une seule région, provoquant ainsi des inondations. Plus grave encore, il paressait dans sa caverne des semaines durant, et la sécheresse devenait épouvantable dans le monde entier.

Un jour, alors que tous les animaux s'étaient résignés à mourir de soif, la grenouille se rebiffa. Elle partit se plaindre auprès de l'Empereur du Ciel des négligences du génie de la pluie.

Chemin faisant, elle rencontra le crabe, le renard, l'ours, le tigre et l'abeille.

– Accompagnez-moi, les amis, leur dit-elle. L'union fait la force. Plus nous serons nombreux, plus nous aurons de chances d'être entendus.

Ils arrivèrent aux portes du palais. Là se trouvait un grand tambour. Quiconque s'estimait victime d'une injustice avait le droit de s'en servir.

La grenouille donna ses instructions :

– Avant que je ne frappe le tambour, il serait plus prudent que vous alliez vous cacher, au cas où…

Le crabe trouva une petite mare, l'ours, le tigre et le renard se dissimulèrent derrière de gros piliers, et l'abeille se faufila sous le tapis d'entrée. Alors, et alors seulement, la grenouille frappa le tambour céleste.

La grenouille avait vu juste : l'Empereur du Ciel et sa suite étaient partis en voyage. Seul le dragon Mua, génie de la pluie, paressait dans sa grotte.

– Qui ose ainsi troubler mon repos ? gronda le dragon.

– C'est la grenouille, car tu ne fais pas ton travail.

Je suis venue m'en plaindre auprès de ton maître, l'Empereur du Ciel.
– Insolente, tu me crèves les tympans, tais-toi donc !
Mais la grenouille frappa de nouveau, et de toutes ses forces, pour que le maître du Ciel revienne dans son palais.
Furieux, le dragon Mua fit venir le coq céleste. Il lui ordonna de becqueter la grenouille effrontée jusqu'à ce que mort s'ensuive. Aussitôt, le renard accourut de derrière le pilier et arracha la queue du coq.
Le dragon, furieux, envoya le chien céleste mordre la grenouille, mais au signal de celle-ci, l'ours sortit de sa cachette pour griffer et assommer le chien.
La grenouille profita de ce répit pour enfler et tambouriner, encore et encore.
– Garde, va lui régler son compte ! hurla le dragon, déchaîné.
Le garde obéit sur-le-champ : il se transforma en serpent. Or, tandis qu'il rampait vers la grenouille, l'abeille surgit du tapis et le piqua à l'œil. Le serpent siffla si fort de douleur que les piliers célestes tremblèrent. Il rampa jusqu'à la mare, où le crabe le pinça de toutes parts. Enfin le serpent ondula péniblement jusqu'au palais,

où l'ours et le tigre se jetèrent sur lui pour le déchiqueter. La grenouille continuait à enfler et frappait le tambour si fort que l'Empereur du Ciel l'entendit à l'autre bout du monde. Il rentra dare-dare au palais avec toute son escorte.

– Que se passe-t-il donc ici ? Qui endure une injustice à ce point insupportable ?

– Pardonne-moi, maître du Ciel, pour tout ce vacarme, dit la grenouille. C'est moi qui ai tambouriné pour t'avertir.

Et, n'écoutant que son courage, elle exposa la situation. Le dragon Mua fut convoqué par l'Empereur du Ciel :

– Redescends immédiatement sur la terre et veille à bien l'arroser, sinon…
Le génie de la pluie s'en fut, tout penaud, et se remit à la tâche.
Se tournant vers la grenouille, le maître du Ciel lui dit :
– Si Mua commet d'autres négligences, plutôt que de venir semer la panique dans mon palais, contente-toi de coasser le plus fort possible, il comprendra…
La grenouille promit et s'en retourna chez elle avec ses amis.

Encore aujourd'hui, quand il fait trop sec sur la terre, toutes les grenouilles coassent pour que Mua, le génie de la pluie, ami de la paresse, n'oublie pas sa promesse… Voilà pourquoi ces vaillantes demoiselles restent très vénérées au Vietnam.

Comment coassent certaines grenouilles

En Asie et particulièrement en Corée, à chaque saison des pluies, les grenouilles vertes coassent. Grraourrg ! Grraourrg ! Grraourrg ! Voici pourquoi.

Jadis vivait une rainette qui avait trois enfants fort désobéissants. Chaque fois qu'elle leur demandait quelque chose, ils faisaient tout le contraire.
– Allez vers l'est, mes chéris !
Et ils se dirigeaient vers l'ouest.
– Partez jouer à la rivière, mes amours !
Aussitôt ils prenaient le chemin de la montagne… D'où leur venait ce terrible esprit de contradiction ?

mes amours

Leur mère s'interrogeait, elle qui leur montrait tant d'affection.
Un jour, la rainette tomba malade. Comprenant qu'elle allait mourir, elle fit venir ses trois enfants à son chevet et leur déclara :
– Mes amours, je veux être enterrée au bord de la rivière.
(En réalité, la mère rainette souhaitait être enterrée dans la montagne, mais connaissant ses enfants et leur goût pour la désobéissance, elle leur avait demandé le contraire.)
Or les trois enfants, à la mort de leur mère, pleurèrent, pleurèrent longtemps. Ils regrettaient amèrement de lui avoir désobéi. Aussi, pour la première fois, ils décidèrent de respecter les vœux de la rainette et l'enterrèrent sagement au bord de la rivière.
Depuis, à chaque saison des pluies, dès l'annonce d'une nouvelle crue, les enfants de la rainette devenus grands coassent « Grraourrg ! Grraourrg ! Grraourrg ! »
Inquiets, ils craignent que la tombe de leur mère ne soit emportée par le courant de la rivière… Et les enfants de leurs enfants, même s'ils ne connaissent plus l'histoire, continuent de coasser ainsi !

Comment la grenouille perdit ses fesses

Rien encore n'existait, rien du tout. Sauf un Esprit, tout seul, dans le Rien d'avant toute chose. Comme il s'ennuyait, il décida de créer quelque chose, et ce quelque chose, il l'appela la Vie.
Il créa un esprit pour chaque pierre, chaque herbe, chaque arbre, chaque animal. C'est ainsi que le monde prit naissance et se remplit de vie.

L'Esprit créateur vivait sur un nuage perdu dans l'immensité du ciel. Il voulut descendre sur la terre pour découvrir ce monde qu'il avait fait et ravir ses oreilles du chant des oiseaux.

Il écouta tout autour de lui, s'amusa beaucoup et en fut très heureux !
Ces chants d'oiseaux, tous différents, le transportaient, quand tout à coup il entendit au loin une mélodie bouleversante.
Il se laissa guider par elle et arriva au bord d'un étang. À ce moment, le chant s'arrêta. L'Esprit ne vit aucun oiseau dans les parages, seulement une petite grenouille qui se reposait là, au bord de l'eau.
– Bonjour, lui dit l'Esprit créateur, je viens d'entendre quelque chose de si beau ! Je voudrais bien savoir qui chantait dans ces parages…
– Moi, lui répondit fièrement la grenouille.
– Toi ? J'ignorais, moi, le grand Esprit créateur, que tu étais une chanteuse aussi exceptionnelle ! Je t'invite à participer au grand concert que j'organise là-haut, sur mon nuage, pour tous les oiseaux dont l'air m'a charmé. Tu auras l'honneur de passer en dernier.
– Merci de ton invitation, répondit la grenouille, un peu gênée. Je viendrais volontiers, mais je n'ai pas d'ailes pour voler jusqu'à toi.
L'Esprit créateur toucha la grenouille au front et lui annonça :

– Désormais tu porteras ma marque, et tout animal qui la verra devra t'aider. Je t'attends pour ma grande fête, la semaine prochaine !
Comblé, il s'en retourna vers son nuage, dans l'immensité du ciel.

Le jour du concert arriva. La grenouille, impatiente, sautillait de droite et de gauche. C'était le moment de se faire aider. Elle se mit en route et rencontra un ours.
– Bonjour, ours. Regarde-moi bien : je porte la marque de l'Esprit créateur du monde. Alors, s'il te plaît, peux-tu aller chercher l'aigle ? J'ai besoin de ses services.
L'ours, impressionné, grimpa tout en haut d'un arbre où l'aigle était perché.
– Viens vite, la grenouille est en bas, elle désire te parler.
L'aigle arriva comme une flèche.
– Bonjour, grenouille. Je vois que tu portes la marque de l'Esprit créateur entre tes yeux, que me veux-tu ?
– Porte-moi dans les airs jusqu'au nuage de notre grand Créateur, car il m'a invité au concert des oiseaux.
Le vol de l'aigle est magnifique lorsqu'il plane et dessine de grands cercles dans le ciel, mais de son bec ne s'échappent que des cris rauques et perçants, aussi

n'était-il pas invité. Néanmoins, il accepta volontiers de transporter la grenouille jusqu'au nuage.
Il posa le bout d'une aile par terre.
– Tu as bien de la chance, saute !
En trois bonds, la grenouille s'installa sur l'encolure de l'aigle. Ils survolèrent des prés, des rivières et des montagnes avant d'arriver jusqu'au nuage. L'aigle posa alors son aile, et la grenouille se laissa glisser prudemment le long de ses plumes.
– Merci, l'ami, dit-elle. Dommage que tu ne restes pas !
Tous les oiseaux étaient déjà là lorsque la grenouille se présenta. L'Esprit créateur lui souhaita la bienvenue et se tourna vers l'assistance.
– Chacun de vous chantera sa chanson préférée, en commençant par le plus petit des oiseaux, et nous terminerons le concert par le chant de la grenouille que j'ai eu le bonheur d'entendre lors de mon séjour parmi vous. Cette voix merveilleuse m'a enchanté, et je suis très heureux de vous la faire entendre !
Les oiseaux se tenaient prêts, battant des ailes et soulevant leur duvet. Tous chantèrent dans l'ordre annoncé, et chaque chant semblait plus beau que le précédent.

« Quelle bonne idée j'ai eue là ! » pensait l'Esprit créateur, attendri de voir les jabots se gonfler et les chanteurs se balancer d'une patte sur l'autre avant de se lancer.
Arriva enfin le tour de la grenouille. Le silence gagna les rangs : plus le moindre pépiement, on entendait voler les moucherons...
La grenouille sauta prestement au milieu du cercle. Elle adressa un salut timide à l'Esprit créateur et un autre à ses collègues les oiseaux. Sa gorge se mit à enfler, mais il en sortit un son étrange :
– Coac... coac... coac...
Tous se regardèrent avec stupeur. La chanteuse persista :
– Coac... coac... coac...
– Assez, pitié ! s'écrièrent en chœur les oiseaux. Que la grenouille cesse de coasser ! L'Esprit créateur se moque de nous, quelle offense !
Voyant sa fête gâchée, le maître des lieux se mit en colère :
– Moi, vouloir vous offenser ? Vous n'avez rien compris, allez-vous-en, allez-vous-en tous !
Effrayés, les oiseaux s'enfuirent à tire-d'aile. La grenouille les supplia, en vain :
– Attendez-moi, je ne peux pas voler !

Mais les oiseaux étaient déjà loin. Seule, abandonnée sur le nuage, la misérable grenouille alla se cacher derrière une bosse. C'est alors que passa une des balayeuses du ciel. Elle demanda à l'Esprit créateur qui boudait dans son coin :

– Est-ce que je peux balayer toutes ces plumes d'oiseaux ? J'ai trouvé aussi une petite grenouille tremblante de peur, cachée derrière une bosse. Qu'est-ce que j'en fais ?

L'Esprit créateur gronda :
– Balaie-moi tout ça immédiatement. Je ne veux plus voir aucune trace de cette maudite soirée.

Voilà comment, à grands coups de balai, la malheureuse petite grenouille fut renvoyée sur la terre. Basculant dans les airs à une vitesse prodigieuse, elle dépassa tous les oiseaux avant de toucher terre. Et elle heurta le sol avec une telle force qu'elle en perdit ses fesses ! Aussitôt elle rebondit et dépassa les oiseaux en sens inverse !
– Où repars-tu si vite ? demandèrent-ils, étonnés de la voir remonter telle une fusée.
– Je reprends la route vers le grand nuage, j'ai oublié de dire au revoir à l'Esprit créateur... leur répondit-elle.
La pauvre grenouille retomba plus lourdement encore, et à la place de ses fesses rebondies, elle n'a plus aujourd'hui que deux petites cuvettes.
Depuis, ainsi sont toutes les grenouilles du monde.

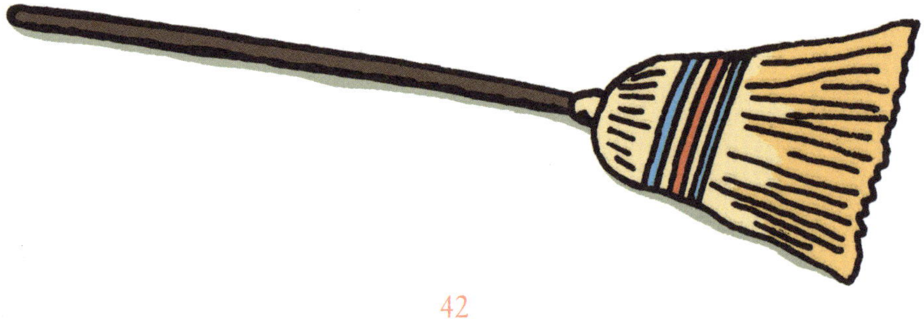

La grenouille volante

Pour les Indiens Gitksan de la Colombie-Britannique, la grenouille est un animal totémique. Ce qui arriva aux femmes de cette histoire peut, dit-on, arriver à toutes les femmes Gitksan quand elles partent vivre dans le village de leur mari. Les frères des mariées viennent encore chercher les enfants de leurs sœurs pour les ramener dans leur village natal, où ils sont considérés comme leurs héritiers.

L'histoire commença après un grand Déluge ; les Indiens Gitksan revenaient de l'Alaska, le long de la rivière Nass, vers les villes de Terrace et de New Hazelton, au nord-ouest de l'État. Sur le chemin du retour, les Indiens Gitksan prenaient leur temps, s'arrêtant pour rendre visite aux uns et aux autres.

Dans l'un de ces villages, le chef avait une fille en âge de se marier. Beaucoup de jeunes gens étaient venus tenter leur chance, or tous avaient été rejetés. La fille était belle mais difficile…

Un jour, elle s'en alla cueillir des baies avec d'autres jeunes filles, et disparut sans crier gare.

Personne n'avait idée de l'endroit où elle se trouvait. Toutes les recherches échouèrent et le chef du village ne se consola jamais de la perte de sa fille unique.

Quelques années plus tard, deux jeunes grenouilles, des jumelles, se présentèrent à la porte du chef. Elles coassaient si fort qu'il leur ouvrit : ces deux visiteuses semblaient vouloir lui parler, mais il ne comprenait pas leur langage. Il fit donc venir une femme chamane pour converser avec ces deux grenouilles extraordinaires.

Elle les écouta attentivement, car elle connaissait le langage des animaux. Puis elle rapporta leurs paroles au chef :

– Ces jeunes grenouilles sont venues voir leur grand-père pour lui emprunter des aiguilles à repriser.

Le chef manqua s'étouffer en apprenant qu'il était grand-père, et qui plus est, grand-père de grenouilles jumelles !

– C’est un message de ma fille ! s’écria-t-il. Donnons-leur les aiguilles et qu’elles repartent avec, nous les suivrons jusque chez elles. Je vais enfin revoir ma fille après tant d’années ! Rien ne peut me faire plus plaisir.
On attacha donc les aiguilles au dos des grenouilles jumelles, et des hommes du village les suivirent jusqu’à un lac. Là, elles plongèrent dans l’eau et disparurent.
En apprenant la nouvelle, le chef comprit que sa fille vivait avec son mari grenouille dans les profondeurs de ce lac. Il ordonna aux chasseurs de le vider entièrement. Aussitôt, des flots de poissons, de grenouilles et autres habitants du lac tentèrent de gagner d’autres eaux. Parmi eux, une grenouille se mit à voler. Le spectacle était incroyable, de mémoire d’Indien Gitksan on n’avait jamais vu ça : une grenouille volante !
L’un des chasseurs banda son arc et une flèche la toucha. L’animal s’écrasa au sol.

Le chef du village pensa qu'un événement aussi étrange était un signe. Il décida d'adopter comme totem cette grenouille volante.
Quand le lac fut à sec, la fille du chef réapparut. Son père la serra dans ses bras et lui demanda de rentrer au village parmi les siens, mais elle refusa :
– J'aime mon mari et je choisis de rester dans son monde aquatique.
Elle remercia son père pour les aiguilles qui lui serviraient à tricoter des vêtements chauds pour ses enfants. Les jumelles avaient en effet décidé de rejoindre le clan des hommes, celui de leur grand-père.

Selon les Indiens Gitksan, lorsque les animaux décident de se changer en humains, comme les petites-filles du chef, c'est un moment important dans l'histoire de leur clan. Jusqu'à ce jour, on peut voir des grenouilles volantes sur les totems des Gitksan de la Colombie-Britannique, ou sur des bagues portées par certains. Les hommes ne mangent jamais de grenouilles, car ils les protègent, en souvenir de cette histoire transmise de génération en génération.

La grenouille médecin et le renard

Un jour d'entre les jours, une grenouille perdit la tête. Reine rainette dans son marais, elle criait à la ronde :
– Je suis médecin, qu'on se le dise ! Je connais les remèdes… Approchez, approchez, grâce à moi vous guérirez !
Parmi les animaux qui l'avaient entendue, le renard s'approcha et lui rétorqua :
– Reine rainette, reine des sottes, comment pourrais-tu sauver les autres, toi qui sautilles et qui boites ? Tu es incapable de te guérir toi-même !

Les grenouilles en quête d'un roi

Les grenouilles apprirent un jour, incidemment, que tous les animaux avaient un roi, sauf elles. Elles en voulurent un aussitôt et réclamèrent en chœur :
– Un roi ! un roi ! un roi des grenouilles ! Nous voulons un roi, un roi qui nous gouverne, un roi qui nous conseille !
Elles firent un tel vacarme que le Créateur finit par les entendre. Il éclata de rire, puis il décida d'exaucer leur vœu pour avoir la paix.
Des hauteurs du ciel, il leur lança un tronc d'arbre qui en tombant dans l'eau fit un bruit terrifiant. Les grenouilles comprirent qu'un roi était arrivé.
– Nous allons être enfin gouvernées ! Vive le roi !
Hélas, le malheureux tronc d'arbre tombé du ciel restait immobile et silencieux. Ses sujets se désolèrent :

– Il est idiot, ce bout de bois, il ne sait que flotter sur l'eau ! Il est incapable de gouverner, incapable de nous conseiller !
Alors toutes les grenouilles, en colère, sur le bout de bois grimpèrent et s'égosillèrent à réclamer plus fort que la première fois :
– Nous voulons un roi, nous exigeons un roi et nous le voulons vivant !
Le Créateur les entendit, soupira et leur envoya une anguille.
– Ah ! une reine est arrivée, vive la reine, vive l'anguille !
Les grenouilles coassèrent bruyamment pour remercier.

Or la reine envoyée du ciel passait son temps dans l'eau et ne manifestait aucun signe particulier d'intelligence. À nouveau déçues, les grenouilles recommencèrent à se plaindre :

– Nous voulons un roi, nous voulons un roi qui règne sur la terre et pas dans l'eau ! Nous exigeons un roi fort et puissant.

Las de leurs revendications, le Créateur envoya une cigogne.

Dès son arrivée dans la mare aux grenouilles, le grand oiseau se révéla fort vorace et gourmand. Il commença à régner en se gavant de grenouilles !
La moitié de la population fut ainsi dévorée. Les rares survivantes comprirent, trop tard, qu'elles s'étaient trompées, et se plaignirent au ciel :
– Ce roi est un prédateur, c'est un oiseau trop cruel, nous n'en voulons plus. Ah, comme nous étions heureuses autrefois !
Mais cette fois, le Créateur se fâcha :
– Vous avez voulu un roi alors que vous étiez libres et heureuses. Vous avez refusé ceux qui vous laissaient en paix. Maintenant, contentez-vous de ce roi-là, car le prochain pourrait être pire !

La voix de son maître

En Catalogne, on raconte que, chaque année, quand les grenouilles se réveillent après la saison froide, sa majesté demande :

– Qui fera le lit du roi ? Qui veut servir le roi ? Qui veut obéir au roi ?

Toutes les grenouilles de l'étang répondent sans exception :

– Moi ! Moi ! Moi !

Aucune ne le dit sur le même ton, et le roi distingue très bien la voix de chacune. Il reconnaît à la force du coassement lequel de ses vassaux lui sera le plus fidèle, le servira le mieux et sera donc le meilleur des valets, et c'est lui qu'il choisit comme serviteur. Et celui qui sert le roi devient roi à son tour l'année suivante, quand le roi meurt.

Toutes les grenouilles sans exception, de la plus grande à la plus petite, répondent, mais une seule fois, et c'est pourquoi on peut savoir combien de grenouilles il y a dans l'étang en comptant le nombre de « raucs » émis en guise de réponse !

Tombée dans un pot de crème

Un jour d'été, une grenouille de l'espèce des roussettes qui cherchait de la fraîcheur s'aventura du côté d'un pot de crème. Elle s'en approcha, commença par y tremper la langue, puis elle y plongea tout entière !
Hum… Comme cette crème était douce, un régal ! Elle joua dedans à s'éclabousser, réussit à faire la planche… Quel bonheur !
Après s'être longtemps prélassée dans la fraîcheur de la crème, la grenouille de l'espèce des roussettes décida qu'il était temps de sortir pour raconter autour d'elle cette baignade inattendue…
Mais quand elle voulut grimper le long des parois, elle glissa en arrière. Impossible de s'extirper du pot tant il était haut. Et quand elle voulut utiliser le ressort de ses

pattes arrière pour bondir, elle ne parvint jamais à trouver un appui, tant le pot était profond. Nul rocher comme dans le fond de sa mare, nul rondin auquel s'agripper.
La grenouille se trouva prisonnière de la crème fraîche, n'ayant d'autre choix pour ne pas couler que de nager, nager. Nager encore.
L'idée de finir ses jours noyée dans ce pot lui faisait horreur. Elle nagea donc de droite à gauche, elle nagea en rond jusqu'à ce que ses petites pattes demandent grâce.
Épuisée, elle s'avoua vaincue :
– Je n'en peux plus, tant pis pour moi.
Elle se laissa couler au centre du pot, mais au moment où la crème recouvrait sa bouche, elle la recracha dans un sursaut.
– Non, je ne peux pas finir comme ça !
Et elle se remit à nager. Mais de nouveau ses pattes et ses cuisses demandèrent grâce…
Chaque fois que la grenouille de l'espèce des roussettes, à bout de forces, était sur le point d'abandonner, elle trouvait en elle un regain d'énergie pour lutter. Et cela dura des heures et des heures.
Soudain, elle sentit sous ses pattes quelque chose de doux et de glissant, mais de solide en même temps.

Elle s'y appuya et, dans un dernier sursaut, elle réussit à s'éjecter du pot. Sauvée !

Quand la grenouille de l'espèce des roussettes raconta autour d'elle ce qu'elle venait de vivre, elle fut bien incapable d'expliquer ce qui s'était passé…
À force de brasser la crème dans tous les sens pour s'en sortir, la vaillante avait réussi à baratter une motte de beurre !
À bon entendeur…

Qui faisait plonger les grenouilles

La première chose à savoir
c'est qu'il était aveugle
alors il marchait le long de la rivière
d'une façon particulière.

Il avait un long bâton et trouvait son chemin
grâce à lui.

Les grenouilles se tenaient sur le bord de la rivière
écoutant et chantant en même temps,
jusqu'à ce qu'elles entendent le bâton
se rapprocher sur le sol.
Alors toutes les grenouilles plongeaient !

Et c'est ainsi que ce garçon savait
où était l'eau, par le bruit
que faisaient les grenouilles en plongeant.

Maintenant vous savez.
Il allait et venait
le long de la rivière.

Gardant ses pieds au sec, comme ça.

Tout le long de la rive.

La jeune fille malicieuse

Un maharadjah était parti chasser dans la forêt. Il poursuivait une antilope lorsqu'il perdit son chemin et sa suite. À moitié mort de faim et de soif, il découvrit une grande clairière avec, au beau milieu, un lac rempli d'eau claire, claire comme le cristal. Il s'y baigna longuement puis s'allongea sur le rivage pour se reposer. Il fut réveillé par un chant très doux ; une jeune fille cueillait des fleurs et c'était elle qui chantait.

Le maharadjah s'approcha.

– Qui es-tu ? Et comme ta voix est belle !

– Je suis… une jeune fille, voilà tout.

Le maharadjah en tomba immédiatement amoureux et lui proposa de l'épouser.

– J'accepte à une condition : il ne faut jamais me laisser seule au contact de l'eau.

Quoique très étonné, le maharadjah se garda bien de demander une explication, et promit.

Entre-temps, la suite royale avait réussi à retrouver son maître. Tous furent très surpris de la présence d'une jeune fille inconnue à ses côtés.

Ils regagnèrent le palais royal, et passé le temps du mariage, le maharadjah demeurait toujours aussi amoureux et ne s'intéressait plus qu'à sa jeune épouse.

Il avait fait entièrement réorganiser le magnifique jardin qui entourait son palais et donner l'ordre d'assécher les bassins. Le jardinier obéissant avait planté de beaux arbres et des fleurs rares, remplaçant l'eau dans les bassins par des perles, à l'exception d'une fontaine, qu'il avait dissimulée dans un coin du jardin et entièrement recouverte de lianes et de plantes.

Un matin, tandis que le maharadjah et sa femme revenaient de promenade, ils s'arrêtèrent non loin de la fontaine cachée. Si les yeux ne pouvaient la voir, les oreilles pouvaient bien l'entendre. Étonné, le maharadjah s'en approcha et voilà que la jeune femme, qui était à ses côtés, disparut. Il la chercha partout, en vain. Il donna l'ordre de dénuder la fontaine, d'arracher les lianes et les plantes, de vider l'eau jusqu'à la dernière goutte, mais aucune trace de la reine. Seule au fond, une petite grenouille le regardait en coassant.
Le maharadjah entra dans une grande colère et, pensant que cette petite grenouille était responsable de la disparition de sa femme, il donna l'ordre de tuer toutes les grenouilles de son royaume. Le massacre fut épouvantable.

– Quiconque veut me parler doit d'abord se présenter avec une grenouille morte ! ordonna le maharadjah, égaré par sa douleur.
De leur côté, les grenouilles, terrorisées, supplièrent leur roi d'intervenir :
– Trop de nos sœurs ont déjà péri. Si ça continue, il ne restera plus une seule grenouille dans le pays !
Après réflexion, le roi décida de se rendre au palais. Pour échapper aux chasseurs de grenouilles, il prit une apparence humaine et se présenta devant le maharadjah. Une fois seul avec lui, il redevint le roi des grenouilles et l'implora ainsi :
– Il ne faut pas vous laisser aveugler par la colère, mon peuple ne vous a rien fait ! Je vous en supplie, arrêtez le massacre !
Le maharadjah lui répondit :
– L'une des vôtres a fait disparaître mon épouse dans une fontaine de mon jardin. J'ai perdu mon grand amour, ma vie n'a plus de sens. Je dois toutes vous punir pour cela.
Le roi des grenouilles s'écria :
– Ça y est, je comprends tout ! Votre épouse disparue n'est autre que ma fille ! Elle a trouvé de l'eau, n'a pas pu

résister – c'est son élément – et comme elle est malicieuse, elle aura repris son apparence première pour se montrer à son époux, mais vous ne l'avez pas reconnue dans la fontaine !

Le maharadjah, qui avait vu le roi se transformer devant lui, comprit qu'il disait vrai pour sa fille.

– Si ma femme est vivante, s'écria-t-il, il faut qu'elle revienne au palais, je ne peux pas vivre sans elle !

Et, usant de patience au lieu de violence, il mit fin à la guerre aux grenouilles et attendit. Peu de temps après, sa femme revint. Elle promit de cesser ses malices. Femme elle resta pour toujours et sans regrets, car ils vécurent très heureux.

Les grenouilles survivantes furent honorées comme les meilleures amies des hommes. Quant à leur roi, père de la bien-aimée du maharadjah, on ne le revit plus jamais au palais.

Les trois plumes

Il était une fois un roi qui avait trois fils. Les deux premiers étaient intelligents et instruits, mais le troisième ne parlait guère : il était simple d'esprit et tout le monde l'appelait le Simplet.

Or le roi était vieux. Il sentait ses forces décliner et, songeant à la mort, ne savait pas auquel de ses fils il devait laisser le royaume en héritage. Il leur dit à chacun :
– Partez, et celui de vous trois qui me rapportera le plus fin tapis, ce sera lui le roi, après ma mort.
Afin d'éviter toute dispute entre ses fils, il les conduisit lui-même devant la porte du château, où il leur dit :
– Je vais souffler trois plumes en l'air, une pour chacun de vous, et dans la direction que sa plume aura prise, chacun de vous ira.

La première plume s'envola vers l'est, la deuxième vers l'ouest, et la troisième ne vola pas loin et retomba presque à ses pieds. L'un des frères partit donc à droite, l'autre à gauche, non sans se moquer du Simplet qui devait rester où sa plume était retombée, c'est-à-dire tout près.

Le Simplet alla s'asseoir à côté de sa plume, et il se sentait bien triste. Mais voilà tout à coup qu'il aperçut, juste à côté de la plume, les contours d'une trappe ; il la souleva, découvrit un escalier et descendit les marches sous la terre. En bas, il arriva devant une porte et frappa. Il entendit une voix à l'intérieur qui criait :

« Mademoiselle la rainette,
Petite grenouillette verte,
Fille de race grenouillère,
Grenouillante gambette,
Va vite voir qui est dehors ! »

La porte s'ouvrit, et il vit une grosse grasse grenouille entourée de tout un monde de petites grenouilles sautillantes. La grosse grenouille lui demanda quel était son désir.

– J'aimerais bien le plus beau et le plus fin tapis, dit-il. La grosse appela une petite rainette et lui ordonna :

« Mademoiselle la rainette,
Petite grenouillette verte,
Fille de race grenouillère,
Grenouillante gambette,
Apporte-moi la grosse boîte. »

La jeunette alla chercher la boîte, et la grosse mère l'ouvrit pour remettre au Simplet le fin tapis qui s'y trouvait : mais un tapis si merveilleusement fin qu'on n'en pouvait tisser de pareil en haut, dans le monde. Le Simplet remercia la grenouille et remonta chez lui.

Les deux autres frères, qui tenaient leur cadet pour un idiot complet, étaient convaincus qu'il ne trouverait rien de rien et reviendrait les mains vides. « À quoi bon nous fatiguer à chercher ? » se dirent-ils. Le premier rencontra une bergère, et lui enleva ses vêtements grossiers pour revenir au château les apporter à leur père en guise de tapis. Le second, de son côté, en fit autant. Au même moment, le Simplet revenait lui aussi, avec son superbe tapis.

Le roi, en le voyant, fut tout étonné.

– Selon la stricte justice, dit-il, le royaume devrait revenir au cadet.

Mais les deux autres, indignés, ne laissèrent pas de repos à leur père, lui affirmant qu'il ne pouvait confier le royaume au Simplet, qui ne comprenait rien à rien.

Ils insistèrent tant et tant que le père consentit à proposer ce nouveau défi :
– Partez, et celui de vous trois qui me rapportera la plus belle bague sera le roi, après ma mort.
Il descendit avec ses trois fils devant la porte du château et souffla les trois plumes, qui s'envolèrent comme la première fois : l'une vers l'est, l'autre vers l'ouest et la troisième entre les deux, juste à côté de la trappe.
Les deux aînés partirent donc à droite et à gauche, et le Simplet alla devant lui, ouvrit la trappe et descendit parmi les rainettes.
De nouveau, la grosse grenouille lui demanda la raison de sa venue.
– Je cherche la plus belle bague, dit-il.

La grosse appela une petite rainette et lui ordonna :

« Mademoiselle la rainette,
Petite grenouillette verte,
Fille de race grenouillère,
Grenouillante gambette,
Apporte-moi la grosse boîte. »

Et cette fois elle en sortit une bague étincelante de pierres rares, si belle et finement montée qu'aucun orfèvre sur la terre n'en pourrait tailler de semblable. Simplet la passa au doigt et repartit tout heureux vers le château.
À l'idée que leur simplet de frère eût à dénicher un bijou précieux, les deux aînés ne pouvaient s'arrêter de rire. Cette fois encore ils ne jugèrent pas utile de se fatiguer à chercher. Ils arrachèrent les clous d'une jante de roue à une vieille charrette, et apportèrent chacun son clou au roi, leur père. Le Simplet, lui, montra la bague d'or où scintillaient les pierres précieuses, et le roi déclara cette fois encore que la couronne lui revenait de droit.

Les deux aînés se mirent alors à harceler leur père pour qu'il imposât une troisième condition tant et si bien que le roi finit par céder.

– Partez, leur dit-il, et celui de vous trois qui ramènera la plus belle des femmes, ce sera lui le roi, après ma mort.

Il souffla les trois plumes, qui s'envolèrent exactement comme les fois précédentes.

Ni une ni deux, le Simplet descendit tout droit chez la grosse grenouille et lui dit :

– Il faut que je revienne avec la plus belle femme au château.

– Hé, comme tu y vas ! s'exclama la grosse. La femme la plus belle ? Mais je ne l'ai pas comme cela, sous la main ! Attends seulement un peu : tu l'auras tout de même !

Elle lui donna une carotte creusée à laquelle six petites souris étaient attelées.

– Que vais-je en faire ? demanda le Simplet, tout éberlué et tout triste.

– Tu n'as qu'à y installer l'une de mes petites rainettes, répondit la grosse mère grenouille.

Sans même prendre le temps de choisir, il attrapa dans le cercle la première venue et la poussa dans la carotte. Aussitôt, la rainette se transforma en une merveilleuse demoiselle, la carotte se changea en carrosse, et à la place des souris piaffaient de magnifiques chevaux. Le Simplet embrassa la belle, fouetta les chevaux et arriva devant le roi.

Ses frères, pendant ce temps, ne s'étaient donné aucun mal. Chacun de son côté avait convaincu la première paysanne venue de le suivre au château. « Elle sera toujours plus belle qu'une souillon ramenée par le Simplet ! » se dirent-ils. Mais quand le roi les vit, ce fut pour leur annoncer que le royaume reviendrait à leur cadet. Ils ne voulurent toujours rien entendre et fatiguèrent les oreilles du roi à lui répéter :
– Nous ne voulons pas que le Simplet devienne roi.
Et ils exigèrent une nouvelle épreuve entre les femmes.
– Qu'elles sautent à travers le lustre de la grande salle, dirent-ils, et le royaume sera à qui a ramené la plus habile.

C'était un grand anneau de fer, suspendu assez haut au centre de la pièce, et ils pensaient que les paysannes seraient assez fortes pour cet exercice, tandis que la belle demoiselle s'y romprait les os. Le roi céda une fois de plus, et les deux paysannes sautèrent, réussissant l'une et l'autre à passer dans le cercle ; mais elles retombèrent si lourdement qu'elles se cassèrent bras et jambes, aussi gros et tout épais qu'ils fussent.

Alors ce fut le tour de la belle demoiselle du Simplet. Elle sauta elle aussi à travers l'anneau de fer, mais avec toute la grâce et la légèreté d'une biche. Les frères n'osèrent protester et quittèrent le pays.
Le roi offrit la couronne au Simplet, qui épousa sa belle et régna longtemps avec sagesse.

Le manche de la hache

Un homme avait épousé la femme de son choix, il l'avait emmenée dans son village et vivait avec elle depuis quelque temps déjà.

Un matin, Abibatou dit à son mari :
– J'aimerais partir quelques jours pour rendre visite à mes parents. Ils me manquent, cela fait si longtemps que je ne les ai pas vus !
Mais son mari refusa de la laisser partir seule.
– Je t'accompagnerai. Attends seulement que j'aie terminé les travaux des champs. De toute façon, rien ne presse, tes parents sont en bonne santé !
Abibatou insista :
– Laisse-moi partir tout de suite, je suis sans nouvelles et cela m'inquiète !

Le mari, très occupé par sa récolte, resta sourd aux demandes de sa femme.
Alors, un matin, Abibatou décida de s'en aller sans rien demander à personne. Elle attendit que son mari soit parti aux champs puis, vite, très vite, elle prépara un casse-croûte et se mit en route. Au bout de quelques heures, elle arriva au bord du grand fleuve qu'elle devait traverser. Hélas, il avait débordé pendant la nuit. Le gué était inondé ! Affolée, elle se mit à parcourir la berge en tous sens.
– J'ai besoin de traverser, qui peut m'aider ? criait-elle.
Elle savait que son mari finirait par la retrouver si elle restait là. Sur la rive, il y avait une petite grenouille. Elle s'approcha de la jeune femme en sautillant.
– Attends un peu que l'eau ait baissé et tu passeras plus facilement de l'autre côté.
– Impossible d'attendre, je me suis sauvée de chez mon mari, il ne veut pas que j'aille voir mes parents… Tant pis pour lui !
– Si je t'aide, que me proposes-tu en échange ? demanda la grenouille.
– Ce que tu voudras, je peux même t'épouser. Du moment que je traverse avant que mon mari n'arrive.

– Dans ce cas, j'accepte.
La grenouille avala d'un coup Abibatou, puis, avisant une vieille hache toute rouillée qui traînait sur l'herbe, elle se cacha dans le manche de la hache.

Peu de temps après, le mari apparut. Il avait reconnu la trace des petits pieds d'Abibatou sur le chemin et, furieux, l'avait suivie en courant jusqu'au grand fleuve.
– Abibatou, où es-tu ? Reviens, ma femme, je t'ordonne de rentrer à la maison !

La croyant passée de l'autre côté, il redoubla de colère. Pour se calmer, il saisit la vieille hache abandonnée sur l'herbe et la lança de toutes ses forces par-dessus les eaux du fleuve. Il y mit tant de force que la hache vola bien plus loin que l'autre rive : elle vola presque jusqu'à la maison des parents d'Abibatou.
Du manche de la hache sortit la grenouille, puis de la gueule de la grenouille, la jeune femme. Ils se donnèrent la main et entrèrent ensemble dans la maison. Abibatou présenta la grenouille comme son nouveau mari et elle vécut joyeuse et en paix avec lui.
Mieux vaut un mari-grenouille serviable qu'un mari très occupé et possessif !

Coassine

Un bûcheron et une femme avaient déjà onze enfants lorsqu'un douzième leur naquit, et aucune marraine en vue ! Les tantes, les voisines et les cousines avaient déjà servi, sans compter les cousines des voisines et les voisines des cousines… Les onze premiers bambins étaient tous bien robustes ! Comment faire pour trouver encore une marraine ?
Pose la question au vent, il t'apportera la réponse. Le lendemain de la naissance, une vieille femme se présenta à la porte de la maison. Elle était toute crasseuse et sentait le bouc.
– Je cherche une filleule, paraît que vous cherchez une marraine : faisons donc affaire ! dit-elle.
Les parents s'écrièrent :
– Loin d'ici, vagabonde ! Tu sens la mauvaise vie…
– Regardez-les faire les difficiles ! rétorqua la mendiante

avec un méchant sourire. Vous ne méritez pas cette enfant ! Et brandissant son bâton, la vieille s'approcha du bébé, lui toucha la tête et dit :

– Par ma volonté, fille de bûcheron, tu mèneras une vie de patouillon !

Cette étrange vieille était en réalité une sorcière du nom de Sauvagine. Par le pouvoir de son bâton en bois de coudrier, elle transforma la petite fille en grenouillette aux yeux dorés. Les parents, épouvantés, eurent beau supplier, s'excuser, s'agenouiller devant la fée acariâtre, rien n'y fit. Cependant, comme leur amour pour leur petite semblait sincère, la sorcière laissa échapper :

– Ce qui est dit est dit, ce qui est fait est fait, mais je vous permets de formuler trois souhaits !

Aussitôt la mère s'écria :

– Que ma fille ne reste pas dans la boue !

– Accordé. La petite vivra dans l'étang.

Le père, qui ne supportait pas d'entendre sa fille coasser, demanda :

– Donnez-lui au moins une voix humaine !

– Entendu ! Elle parlera comme vous et moi.

Comme l'aîné des enfants du bûcheron passait par là, il ajouta :

– Que ma petite sœur se trouve un beau fiancé quand elle aura l'âge de se marier !
Les parents protestèrent :
– Ce vœu est parfaitement inutile, mieux vaut que ta sœur devienne la reine de l'étang, la reine des rainettes. À quoi pourrait bien lui servir un amoureux ? C'est ridicule !
– Trop tard, fallait vous mettre d'accord ! conclut la sorcière en ricanant. Vos trois vœux seront exaucés.
Et elle disparut.

La petite devenue grenouille grandit donc au milieu de l'étang. Elle se sentait très à l'aise, dans le moelleux de la vase, à chasser les moucherons et les ailes de libellule. Bien accueillie par ses consœurs grenouilles, elle mêla sa voix à la leur et on la surnomma Coassine.
Ses parents, au début, venaient souvent lui rendre visite, mais comprenant que plus jamais elle ne redeviendrait comme avant, ils se lassèrent de ses coassements et préférèrent l'oublier.

Les années passèrent. Un jour d'été, Coassine s'aventura dans le pré voisin. Des hommes fauchaient, et à l'heure

de la pause, l'un d'entre eux s'assit à l'ombre d'un saule. Hop, hop, aussitôt Coassine bondit près de lui. Le jeune homme l'aperçut et tendit la main pour l'attraper. Il la regarda longuement, passa un doigt sur sa tête et dit :
– Comme tu es jolie, grenouillette !
Mais voilà qu'on le cherchait pour reprendre le travail. À regret, il déposa Coassine au pied du saule et lui promit de repasser le soir même.
Le jeune homme tint parole. Au pied du saule il revint et l'appela :
– Tu es toujours là, jolie grenouillette ?
– Oui, bien sûr, je t'attendais.
– Quoi, tu parles ? sursauta le jeune homme. Mais qui es-tu donc ?
Coassine l'invita à s'asseoir et lui raconta son histoire. À l'exception du troisième vœu...
Le jeune homme s'appelait Jean. Tout ému, il l'invita à vivre dans sa maison. Elle accepta, sauta sur son épaule et il partit d'un pas joyeux tout en conversant avec sa nouvelle amie.
Et Coassine commença une nouvelle vie. Le jeune homme lui installa un grand baquet d'eau douce, agrémenté de feuilles de nénuphar, au grenier, sous la lucarne.

Durant la journée elle restait seule, mais le soir, quelle fête lorsque Jean s'en revenait des champs ! Ils prenaient plaisir à bavarder tous deux, et parfois, Coassine s'installait sur le rebord de la fenêtre et chantait sous la lune.

Un soir, Jean lui confia tendrement :

– Quand je t'écoute, je vois les hommes et les grenouilles réunis. Ils vivent ensemble et ne forment qu'une seule espèce. Je me demande si je n'ai pas été grenouille moi aussi, il y a longtemps, avant d'être un homme.

Coassine ne répondit rien mais ferma les yeux de bonheur.

Quelque temps plus tard, le père de Jean, déjà très âgé, décida de partager ses biens entre ses deux fils.

– Je donnerai la ferme à celui qui trouvera une pièce d'étoffe assez longue pour en faire sept fois le tour. Vous avez une semaine pour vous préparer !
Le frère de Jean partit explorer toutes les boutiques de drapier de la ville la plus proche.
Jean, lui, restait pensif, enfermé dans sa maison. Coassine lui dit :
– Je vais aller trouver Sauvagine, ma marraine. Elle ne m'a pas beaucoup gâtée depuis ma naissance, je peux bien lui demander de l'aide. Pour cela, il faut que je regagne l'étang.
– C'est beaucoup trop loin, grenouillette ! s'affola Jean.
Mais sa fidèle amie était déjà partie.

Pendant deux jours, elle sautilla. Épuisée, elle retrouva enfin le village où elle était née, l'étang où elle avait grandi. À l'ombre d'un arbre, sa marraine l'attendait.
– Coassine, chère filleule, je sais où tu habites maintenant, les oiseaux me l'ont dit. Je sais pourquoi tu es venue et j'ai ce qu'il te faut. Tiens, prends et donne à ton Jean. Surtout, qu'il se garde bien d'ouvrir la boîte avant l'heure du concours ! Il faut me faire confiance, car sans confiance, pas de réussite.

Et la sorcière lui tendit une boîte de la taille... d'un dé à coudre ! Ce qui était fort pratique pour une grenouille.
Coassine remercia sa marraine et se remit en chemin.
La veille de l'épreuve, elle arriva, à demi morte de fatigue, devant la ferme de Jean.
Le jeune homme était resté à l'attendre. À la vue de la boîte, son visage s'assombrit et il voulut l'ouvrir.
– Non, non, attends demain, lui conseilla la grenouille.
Le lendemain elle dormait encore quand le père reçut ses deux fils.
Le frère de Jean, sûr de gagner, dévida son bobineau de tissu mais ne réussit qu'à faire cinq tours.
Jean prit dans sa poche, le cœur battant, la minuscule boîte. Il l'ouvrit et en sortit un rouleau d'une étoffe aussi fine, transparente et légère que de la soie d'araignée. Avec elle il commença sa ronde. Au bout de sept tours, la ferme se retrouva délicatement enrubannée.
– Bravo, Jean ! s'exclama son père. Ma ferme sera à toi, à condition maintenant que tu te maries !
Jean eut beau protester qu'il n'était pas pressé, rien n'y fit. Lorsqu'il rentra chez lui, il dit à Coassine, qui l'attendait :

– J'ai gagné, mais j'aimerais mieux avoir perdu. Pour garder la ferme, mon père me demande de trouver une femme pour m'aider et je…
Coassine l'interrompit aussitôt.
– Je ne suis qu'une grenouille et ne pourrai jamais redevenir femme. Ton père a raison, marie-toi. Une nouvelle vie t'attend et tu finiras par m'oublier !
Jean prit Coassine dans ses mains.
– Laisse-moi te suivre jusqu'à l'étang, grenouillette. Tu es la seule avec qui j'ai envie de vivre, et mon père n'y pourra rien changer !
Puis il sortit de chez lui et appela Sauvagine avec une telle force que celle-ci accourut.
– Je sais ce que tu attends de moi, lui dit-elle, mais es-tu bien décidé ? Ce qui est dit est dit, ce qui est fait est fait. Je ne pourrais ni dédire ni défaire.
– J'aime Coassine et je veux nager dans l'étang à ses côtés, chanter sous la lune avec elle. Je veux devenir grenouille et l'épouser. Mon frère peut bien garder la ferme.
Une bourrasque de vent se leva et secoua le toit du grenier ; le chaume vola en éclats, la charpente grinça. Le troisième vœu, celui du frère de Coassine, était en train de se réaliser !

Sauvagine leva son bâton en bois de coudrier et prononça ces paroles :
– Jean, quitte la forme que la nature t'a donnée et vis heureux avec Coassine, ta bien-aimée.
Le vent tomba dans l'herbe du pré recouverte de rosée, et deux grenouilles se hâtèrent vers l'étang, deux grenouilles réunies pour toujours…

La grenouille et l'empereur

Il était une fois un homme très pauvre. Il vivait avec sa femme dans un petit village. Le couple nourrissait l'espoir d'avoir un enfant qui, plus tard, serait en mesure de les aider. Or, le conte ne dit pas comment ni pourquoi, mais la femme accoucha d'une grenouille ! Les parents décidèrent cependant de supporter ce malheur. L'enfant-grenouille grandit et un jour, d'une voix humaine, il confia à ses parents :
– Une catastrophe menace notre pays, emmenez-moi vite auprès de l'empereur. Je dois le prévenir qu'une armée ennemie marche sur la capitale.
Les parents abasourdis protestèrent, mais la grenouille supplia :
– Faites-moi confiance, le temps presse !

Arrivée au palais, la grenouille apprit que l'empereur avait déjà été averti du danger et qu'il avait promis la main de sa fille à qui mettrait l'armée ennemie en déroute.

La grenouille réussit à se faufiler jusqu'à la salle du trône, et en quelques bonds, se retrouva aux pieds de l'empereur.

– Si vous me donnez du bois sec, je peux sauver votre empire !

Très surpris, l'empereur accepta cette aide inattendue.

Dès qu'on lui apporta le bois, la grenouille fit un grand feu, puis avala les flammes l'une après l'autre. Lorsque

l'armée ennemie apparut aux portes de la capitale, la grenouille lui fit face, seule, crachant du feu sans répit, et ainsi tout le monde périt.
L'empereur fit acclamer le sauveur de l'empire et organisa une fête qui dura quarante jours et quarante nuits. Il éleva la grenouille au grade de général en chef de son armée. Cependant, il fit comme s'il avait oublié sa promesse : « Aussi courageuse soit cette grenouille, jamais je ne lui donnerai ma fille unique en mariage », pensait-il.
Au lieu de quoi, il déclara ceci :
– Demain à midi, ma fille sera à son balcon et lancera un ballon. Celui qui l'attrapera, mon gendre deviendra !

Le matin de l'épreuve, nombreux étaient les jeunes gens pressés de concourir. La fille de l'empereur apparut à l'heure prévue et lança le ballon que lui avait donné

son père. Tous les prétendants bondirent pour l'attraper. Mais la baudruche, comme aspirée par un puissant courant d'air, s'envola au-dessus d'une falaise où se tenait la grenouille, et alla se loger dans sa gueule grande ouverte !

Furieux, l'empereur s'empressa d'ajouter une condition à l'épreuve :

– Je déclare que seule une main d'homme pourra s'emparer de ce ballon !

Il fit chercher une autre baudruche et la donna à sa fille qui, du haut de la fenêtre de sa chambre, la lâcha aussitôt. Le ballon s'envola dans le ciel. Cette fois, un bel inconnu, dépassant la foule des prétendants d'au moins une tête, réussit à l'attraper.

L'empereur ne put cacher sa joie :

– J'ordonne le mariage de ma fille avec le vainqueur.

De somptueuses noces furent organisées. On ne savait rien du vainqueur, mais il plaisait à tous, et surtout à l'héritière du royaume. Dans sa robe de mariée, la jeune impératrice resplendissait. Quelle ne fut pas sa déception, au lendemain de la nuit de noces, de trouver dans son lit… une grenouille ! Elle éclata en sanglots.

Son époux-grenouille s'empressa de la rassurer :

– Ne t'inquiète pas, chère femme, chaque nuit je suis un homme et, au matin, je redeviens grenouille. Mais patience… je t'aime !
La jeune mariée courut tout raconter à son père. L'empereur n'arrivait pas à comprendre comment son gendre pouvait être grenouille et homme à la fois. Il le convoqua et exigea des explications.
– Ma situation est certes étrange, mais très commode, répondit la grenouille. Le jour, ma peau donne à mon corps une agréable fraîcheur et je ne souffre nullement de la chaleur. Au contraire, lorsqu'il fait froid, elle me protège et me garde au chaud… Elle m'isole également du vent, de la pluie et du feu. Vous voyez, je ne suis pas à plaindre !
– Veux-tu bien me la prêter ? demanda l'empereur, très intéressé.
L'autre accepta bien volontiers. Il se débarrassa de sa peau et la tendit à l'empereur. Celui-ci l'enfila et la garda jusqu'au jour de sa mort. Grenouille il était devenu, grenouille il demeura.
Quant à l'époux de l'héritière de l'empire, il fit régner la paix… jusqu'au jour de sa mort.

Rencontre au sommet

L'histoire s'est passée au Japon. La sécheresse était grande cet été-là à Osaka.
Une grenouille qui vivait dans un fossé se dit : « Partons à Kyoto ; là-bas au moins, la ville est belle, le paysage, vallonné, et il y a de l'eau… » À la même époque, la sécheresse sévissait aussi à Kyoto. Quelle misère pour une grenouille qui vivait au bord de la rivière ! Elle se dit : « Partons à Osaka, c'est un port, et là-bas, il y a la mer. »
Les deux grenouilles partirent le lendemain matin à la même heure et se rencontrèrent à mi-chemin, en haut d'une montagne qu'elles avaient eu bien du mal à gravir.
Étonnées de cette rencontre, elles se racontèrent les raisons de leur voyage.
– Quelle coïncidence !

Au moment de reprendre la route, chacune voulut voir le chemin qui lui restait à parcourir.
Elles se mirent à enfler et leurs yeux, bien placés à l'arrière de leur tête, grossirent.
La grenouille de Kyoto aperçut au loin Kyoto, celle d'Osaka regarda vers l'horizon… Osaka !
Au même moment, elles coassèrent de colère.
Celle de Kyoto dit :
– Mais Osaka ressemble terriblement à Kyoto !
Et l'autre lui répondit :
– Mais Kyoto est pareil à Osaka, alors à quoi bon un tel voyage !
Déçues, elles s'adressèrent quelques politesses, puis chacune retourna d'où elle était venue.

Gâteaux de riz ou grenouilles ?

Jadis, au Japon, une vieille femme vivait avec sa belle-fille, qu'elle détestait. La vieille ne lui donnait jamais à manger et gardait tout pour elle.

Un jour qu'elle était seule à la maison, une voisine lui apporta des gâteaux à la pâte de haricot rouge. Comme d'habitude, la vieille s'empiffra en cachette. Obligée de sortir faire une course, elle enferma dans une boîte laquée le reste des gâteaux et leur ordonna ceci :
– Si ma bru vous voit, prenez la forme de grenouilles, et si c'est moi, redevenez gâteaux !
Puis elle déposa la boîte près de la niche du Bouddha et s'en alla.
Mais la bru, rentrée plus tôt que de coutume, avait entendu les paroles de la vieille. Affamée, elle ouvrit la boîte

et se régala des gâteaux. À leur place, elle enferma de vraies grenouilles… Et fit mine de rien au retour de sa belle-mère.

Celle-ci, heureuse à l'idée de déguster les derniers gâteaux, attendit que la jeune femme ait le dos tourné pour ouvrir la boîte… En sortirent de véritables grenouilles qui lui sautèrent à la figure. La vieille s'enfuit en criant :

– Imbéciles, vous vous trompez, c'est moi, je ne suis pas ma bru, laissez-moi tranquille !

Les grenouilles la poursuivirent jusqu'à la mare voisine.

L'étrange petite grenouille verte

Les Indiens Taïnos disent que d'une caverne d'Haïti surgirent les premiers hommes. Le soleil ne cessait de les persécuter. Il les enlevait et les métamorphosait ; en pierre, le gardien de la caverne, en arbre, le pêcheur, et celui qui s'en était allé cueillir les plantes un matin, en oiseau.

Un homme réussit à échapper au soleil ; il emmena avec lui toutes les femmes Taïnos, mais pas les enfants.

Dans les îles des Antilles, le chant des rainettes est triste pour peu qu'on y prête attention. Car ces rainettes sont les enfants Taïnos abandonnés et livrés au soleil. « Toa toa », disent-elles, ce qui est leur façon d'appeler leurs mères.

Depuis toute petite, Lucia connaissait cette histoire, et elle croyait que tous les enfants abandonnés par leurs mères devenaient des grenouilles. Or, bien que les rues de sa ville soient pleines d'enfants livrés à eux-mêmes, Lucia n'en avait jamais vu aucun se transformer sous ses yeux. Cela la tourmentait beaucoup, mais quand elle en parlait à ses amis de classe, aucun ne se montrait intéressé par le sujet.

Un jour, elle attendait à l'arrêt de l'autobus quand elle vit passer un énorme camion, chargé de troncs d'arbres. Certains, tout juste coupés, conservaient encore quelques branches feuillues. Soudain, Lucia vit tomber sur la route une petite chose verte. Ce n'était pas une feuille, mais une grenouille !

La petite fille s'en approcha et observa les os sous la peau verte et brillante. La grenouille ne bougeait pas ; les yeux mi-clos, elle respirait tout doucement. Lucia se pencha pour la ramasser et entendit une petite voix murmurer :

– Merci, merci beaucoup, sans toi…

Lucia voulut s'enfuir à toutes jambes. Une grenouille qui parle, ça n'existe pas ! Pourtant elle avait bien entendu. Elle s'accroupit, et de nouveau résonna la petite voix :

– Ne me tue pas, ne me tue pas !
– Bien sûr que non ! répondit l'enfant, attendrie. Je veux juste te mettre à l'abri. Sur la route, tu risques d'être écrasée et le soleil pourrait te brûler !
– Dans ce cas, d'accord.
La grenouille cligna de ses grands yeux dorés et sauta dans les mains de la petite fille. Mais Lucia ne trouva aucun abri sur le bas-côté de la route. Elle décida donc d'emporter la grenouille chez elle et de la déposer sur de la bonne herbe fraîche, dans un coin du jardin, le long du mur. Quand elle arriva à la maison, il n'y avait personne à l'exception de son grand frère, qui avait séché l'école pour cause de rhume. Lucia hésita à partager son secret, car le garçon était du genre à ne pas savoir tenir sa langue. Comme elle ignorait tout des grenouilles, il fallait bien demander à quelqu'un comment la nourrir. Elle décida donc de tout raconter à son frère qui, intrigué, accepta de rencontrer cette grenouille.
L'animal était toujours au même endroit et paraissait dormir.
– Fais parler cette grenouille que je l'entende à mon tour ! ordonna-t-il à Lucia.

Toa
Toa
Toa

– Laissons-la dormir, déposons la nourriture et revenons plus tard, suggéra la petite fille.
– Merci, je n'ai pas faim. Apportez-moi juste un verre d'eau, dit la petite voix.
Lucia courut chercher quelques gouttes au robinet tandis que son frère restait là sans bouger.
– N'aie pas peur, dit la grenouille. Bientôt, toi et ta sœur allez connaître mon histoire.
Elle but quelques gorgées à la coupelle que lui avait apportée Lucia. Alors sa peau reprit vie, elle devint plus claire et plus verte.
Ensuite, la grenouille pria ses nouveaux amis de l'emmener dans la maison. Et voici ce qu'elle leur raconta, posée sur la table de la cuisine :
– Il y a des centaines d'années, les premiers habitants de l'île de Saint-Domingue vivaient dans une grotte de Cacibajagua. Ils ne sortaient que la nuit. Ils avaient peur du soleil, capable de les changer en arbres, en pierres ou en animaux. Une nuit, leur chef envoya son frère à la pêche, mais il ne revint pas à temps dans la grotte. Le soleil l'avait surpris et transformé en hirondelle. Bouleversé, le chef quitta la grotte de Cacibajagua ; il emmena les femmes et les enfants avec lui au bord

d'un grand fleuve. Il ordonna aux mères d'abandonner là leurs enfants. Quand le soleil se leva, il les changea tous en grenouilles ! Les malheureux se mirent à appeler « toa toa ». Tous réclamaient leurs mères !

– Mais je connais déjà cette histoire ! s'écria Lucia, en larmes.

– Tais-toi, toa toa, je veux connaître la suite, supplia son frère en regardant la grenouille.

– La déesse du fleuve sortit de l'eau, son corps était clair comme du verre. Pour consoler les enfants abandonnés, elle leur confia : « Je ne peux défaire ce que le soleil a ordonné mais je peux faire en sorte que, lorsque vous mourrez, vous retourniez tous dans la grotte de Cacibajagua. Si vous mourez de mort naturelle, alors vous redeviendrez des enfants et vous vivrez dans la grotte à tout jamais. »

Elle distribua à chacun une fine chaîne en or assortie d'une médaille. La déesse leur fit cette dernière recommandation avant de disparaître : « Chacun d'entre vous doit porter cette médaille sur lui au moment de mourir, sans quoi vous ne pourrez plus jamais redevenir des enfants. »

Les grenouilles promirent.

Bientôt elles trouvèrent un bord du fleuve ombragé, qui leur offrait boisson et nourriture en abondance. Les années passèrent. Des années de grand bonheur où les grenouilles vivaient comme frères et sœurs, sans faire de mal à la nature, ne prenant que ce qui leur était nécessaire, et quand elles mouraient de mort naturelle, elles regagnaient leur grotte de Cacibajagua et redevenaient des enfants.

Mais un jour, des hommes venus d'ailleurs s'attaquèrent à la forêt, aux rivières et aux grenouilles. Les descendants de celles-ci, se sentant menacés, décidèrent de quitter les lieux. Le monde était en train de changer. La déesse du fleuve les avait abandonnés…

La petite grenouille s'arrêta. Elle semblait fatiguée d'avoir tant parlé. Elle avala un peu d'eau puis continua :

– Les gens de mon peuple occupaient une pinède fraîche et verdoyante. Mais d'autres hommes, armés de machines et de scies, vinrent couper les arbres. Beaucoup de mes frères et sœurs grenouilles furent écrasés ; quelques-uns purent regagner à temps le chemin de la grotte de Cacibajagua. Mais les autres ? S'ils se sont sauvés comme moi, ils n'ont peut-être pas trouvé d'eau et sont condamnés à mourir de soif au milieu de nulle part. Ils ne pourront jamais redevenir des enfants…

Comme Lucia versait une larme, une belle lumière verte enveloppa la petite grenouille, qui ouvrit grand les yeux et s'écria, heureuse, comme un enfant :

– Toa toa !

Toute la pièce en fut illuminée. Elle était chaude et apaisante. Les enfants s'endormirent et ne virent pas la petite grenouille se changer en garçon aux cheveux verts et disparaître derrière le mur de la maison.

Quand Lucia et son frère se réveillèrent, ils découvrirent, posée sur la table, à côté de la coupelle où avait bu la grenouille, une petite chaîne en or assortie d'une médaille…

Sources

Pourquoi pourquoi

D'après *Contes et légendes d'Indochine*, Maurice Percheron, Nathan

Ça mouille, ça mouille…

D'après *365 contes pour tous les âges*, « La grenouille et la tortue », Muriel Bloch, Gallimard Jeunesse Giboulées

Le rire de la grenouille

D'après une version enregistrée dans *Contes chahutés*, Muriel Bloch, CD Enfance et musique

La grenouille et le génie de la pluie

D'après *Contes vietnamiens*, Frantisek Honzak, Petra Müllerova, Maria Zakovà, adaptation française Marie-José Lamorlette, Gründ

Comment coassent certaines grenouilles

D'après *Contes et légendes de Corée*, Maurice Coyaud, Éditions Flies

Comment la grenouille perdit ses fesses

D'après la version de Plume d'Aigle Flottante, indien originaire d'Honduras, grand voyageur, aujourd'hui disparu, qui le tenait lui-même de son ami José Mendez

La grenouille volante

D'après *Telling Tales on the Rim : Folktales from Around the Pacific Rim*, Naomi Beth Wakan, Pacific-Rim Publishers

La grenouille médecin et le renard

D'après *Fables*, Ésope, traduction d'Émile Chambry, Les Belles Lettres

Les grenouilles en quête d'un roi

D'après *Légendes chinoises*, Daniel Honoré, traduction de Jean-François Samlong, Éditions UDIR

Et *Fables*, Ésope, traduction d'Émile Chambry, Les Belles Lettres

La voix de son maître
D'après *L'origine des bêtes, petite cosmogonie catalane*, Joan Amades, Garae/Hésiode
Tombée dans un pot de crème
D'après plusieurs versions lues, souvent de Pologne
Qui faisait plonger les grenouilles
D'après *L'os à vœux, récits et paroles des Indiens Crees*, Howard A. Norman, Éditions du Seuil
La jeune fille malicieuse
D'après *Histoires merveilleuses des cinq continents*, Philippe Soupault, Seghers
Les trois plumes
D'après un conte de Grimm, librement adapté à partir de la traduction d'Armel Guerne, Éditions Flammarion
Le manche de la hache
D'après *Contes des cinq continents*, Vladimir Reis, Gründ
Coassine
D'après *Contes populaires de Bourgogne*, Michel Herubel, Éditions Ouest France
La grenouille et l'empereur
D'après un conte populaire chinois
Rencontre au sommet
D'après *Le bol et le bâton, 120 contes zen*, Taïsen Deshimaru, Éditions Albin Michel
Gâteaux de riz ou grenouilles ?
D'après *Contes, devinettes et proverbes du Japon*, Maurice Coyaud, Éditions P.A.F.
L'étrange petite grenouille verte
D'après *Mémoires du feu*, Eduardo Galeano, Plon
Et *South, North, East, West, The Oxfam book of children's stories*, Michael Rosen, Walker Books
Et un conte recueilli à Londres de la bouche d'une enfant de Saint-Domingue (version moderne du mythe des Tainos)